Le Monde de Coralie

La nouvelle vie de Coralie

M

ÉDITIONS
MARIE-EVE PROVENCHER

Le Monde de Coralie

La nouvelle vie de Coralie

ÉDITIONS
MARIE-ÈVE PROVENCHER

DE LA MÊME AUTEURE

Les aventures de Toupie
La naissance d'une héroïne, 2014
Toupie chez l'ermite, 2015

Le monde de Coralie
Les vacances de Coralie, 2015
La nouvelle vie de Coralie, 2015

Livres à colorier
Livre des Personnages à colorier
Le Monde de Coralie à colorier

Pour vous procurer d'autres livres de la même auteure, rendez-vous sur le site Web :

Le Monde de Coralie

La nouvelle vie de Coralie

Marie-Eve Provencher

Texte et dessins

Catalogage avant publication de Bibliothèque et Archives nationales du Québec et Bibliothèque et Archives Canada

Provencher, Marie-Eve, 1986-

La Nouvelle vie de Coralie
(Le Monde de Coralie; tome 2)
Littérature jeunesse

ISBN : 978-2-9814786-3-4

Couverture et illustrations
Marie-Eve Provencher

Dépôt légal – Bibliothèque et Archives nationales du Québec, 2015
Dépôt légal – Bibliothèque et Archives Canada, 2015
Imprimé au Canada

Pour Audrey, Gabrielle, Marilou,
Annabelle et Marianne

I

Les adieux

Coralie fait les cent pas dans la cour arrière. Elle ne tient pas en place. D'ici quelques minutes, ses deux meilleures amies seront là pour la dernière fois avant son départ. La jeune fille a demandé à sa maman d'organiser un souper pour réunir les trois amies avant le grand jour. Des spaghettis seront servis et une grande assiette remplie de fruits pour le dessert.

Coralie a toujours adoré les fruits. Elle les préfère de loin aux gâteaux et aux friandises. Rien de meilleur que des fraises juteuses ou des bleuets sucrés.

Tout est prêt pour l'arrivée de Marilou et Loralie. Les amies pourront jouer ensemble pendant que les pâtes cuisent. Ensuite, elles iront manger dans la cour arrière, sur la table de pique-nique. Une grande nappe blanc et bleu avec des assiettes et des verres jaunes décorent la table.

Coralie aime bien manger à l'extérieur. C'est comme faire du camping. Un feu est préparé un peu plus loin alors elles pourront même manger des guimauves grillées pendant la soirée.

Léo, le petit frère de Coralie, se fait garder chez sa grand-maman pour l'occasion. La jeune fille est contente qu'il ne soit pas là. La dernière fois, il a fait une crise en plein milieu du souper et Léo crie fort quand il le veut!

Coralie entend du bruit qui provient de l'avant de la maison. C'est sûrement Marilou et Loralie qui arrivent. La fillette court le plus vite qu'elle peut pour accueillir ses deux meilleures amies avant même qu'elles ne frappent à la porte. Toutes les trois sont contentes de se revoir, même si la dernière fois remonte à deux jours seulement.

Michel, le papa de Coralie, s'approche des filles. Il remet à chacune une feuille avec des indications. Super! Coralie adore les chasses au trésor.

Elles partent donc à la recherche d'indices et suivent les instructions sur la carte. Les trois amies vont sous le grand arbre, derrière le garage, reviennent sur leurs pas et découvrent enfin un coffret déposé derrière une souche.

Marilou prend la petite boîte et l'ouvre. Trois colliers se trouvent à l'intérieur. Ce sont des colliers d'amitié afin que les trois complices ne s'oublient jamais. Quel beau cadeau en cette journée, pense Coralie.

Elles vont ensuite se balancer et jouer dans le carré de sable. Les trois filles n'ont pas fini leur château que Manon, la maman de Coralie, les appelle pour aller manger.

Un grand bol rempli de spaghettis en sauce est posé sur la table de pique-nique. Ça sent très bon. C'est un des repas préférés de Coralie et elle s'en sert une grande assiettée. Son papa a installé plus tôt cet été des lanternes qui repoussent les moustiques. Tout le monde peut donc manger sans être dérangé. Un pot de jus de fruits est posé sur la table. Le souper est délicieux et chacun se régale.

Quand tout le monde a terminé son assiette de spaghettis, la maman de Coralie va chercher le dessert. Des fraises, des framboises, des pommes coupées, des bleuets et des kiwis remplissent l'assiette. Un bol de yogourt nature accompagne le tout. Coralie se souviendra longtemps de ce repas avec Marilou et Loralie. Elle ne doit pas oublier comment elle est heureuse de compter sur de telles amies.

Le temps passe pendant que tout le monde jase autour de la table. On se raconte des histoires, des anecdotes, des souvenirs et des blagues. Coralie ne veut pas que cette soirée finisse. Elle ne veut pas quitter sa maison, sa ville et ses meilleures amies.

Le soleil commence à baisser dans le ciel. Il est temps d'aller manger les guimauves grillées. Coralie, Marilou et Loralie attrapent une des longues tiges de métal déposées sur la table afin de faire griller leurs guimauves. Après en avoir fait chauffer une, Loralie essaie de l'enlever du bâton mais voilà que la guimauve tombe dans la pelouse. La fillette change de place et prend une autre guimauve afin de pouvoir en manger au moins une.

Pendant ce temps, le vent change de côté et pousse la fumée vers Coralie. Reculant derrière Marilou et voulant se placer entre ses deux meilleures amies, Coralie marche… sur la guimauve tombée par terre. Beurk! Le pied tout gluant, la jeune fille cherche un objet pour en enlever le plus possible avant d'aller se laver à l'intérieur. Elle ramasse un petit bout de bois par terre et commence à gratter la guimauve collée à son pied quand elle entend son père rire aux éclats. C'en est trop! Coralie entre à l'intérieur, fâchée que son papa ait ri d'elle.

La jeune fille passe son pied sous l'eau dans le bain et enlève toute la saleté qui s'y est collée. Après s'être calmée un peu, elle retourne près du feu et termine de faire griller sa guimauve en silence.

Les trois amies retournent ensuite au carré de sable pour terminer leur château. Elles en sont aux derniers détails quand les lampadaires dans la rue commencent à s'allumer. C'est l'heure de partir pour Marilou et Loralie.

Coralie serre fort ses deux amies dans ses bras et leur promet de leur écrire souvent. Elle promet également que chaque fois qu'elle viendra rendre visite à sa grand-mère, elles seront invitées. Quand Marilou et Loralie partent chez elles, Coralie se met à pleurer. Pourquoi faut-il à tout prix déménager? La jeune fille se sent terriblement seule. Elle n'aura

plus personne sur qui compter et avec qui parler
quand elle en aura besoin.

Le monde de Coralie

2

Les derniers préparatifs

Moins d'une semaine avant le grand jour, tout le monde s'active à la tâche. Faire des boîtes, ranger, faire ses valises, nettoyer... personne n'a le temps de jouer. Coralie passe du temps avec Léo pour l'amuser car il est trop jeune pour aider aux préparatifs du déménagement. Quand son petit frère fait sa sieste en après-midi, Coralie va dans sa chambre et classe ses choses. Elle a un ensemble de valises neuves, achetées par sa maman pour le grand jour.

Coralie sort ses vêtements accrochés dans sa garde-robe, les plie et les dépose en piles sur son lit. Elle y ajoute tous les vêtements contenus dans ses commodes. La plus grande des valises est immense. La jeune fille la couche sur le sol et l'ouvre. Elle y dépose tous ses vêtements.

Coralie adore les vêtements. Elle en a pour toutes les occasions. Des robes, des pantalons courts, des jupes, des pantalons longs, des chandails, des vestes, des camisoles... chacun en plusieurs exemplaires et couleurs.

Quand le dernier chandail est rangé, Coralie doit s'asseoir sur la valise afin de pouvoir la refermer avec la fermeture éclair.

Le lendemain matin, la jeune fille s'occupe de ses jouets. Elle va dans sa garde-robe et doit ranger toutes ses poupées dans la deuxième valise. Coralie a beaucoup de poupées.

La fillette adore jouer à la maman ou chanter devant une salle remplie de spectateurs, qui sont en fait ses poupées.

Après avoir rangé ses vingt-deux poupées, elle passe à ses dessins et bricolages. Sa maman lui a donné un sac réutilisable afin de les transporter sans les briser. Coralie dépose d'abord les dessins au fond du sac et ensuite, soigneusement, ses bricolages. La jeune fille en laisse quelques-uns qui iront à la poubelle.

Sa maman lui a assuré qu'elle garderait presque tous ses meubles. Ils seront emportés dans la nouvelle maison pendant que la petite famille fera le trajet en voiture. Ses meubles sont censés être déjà dans sa nouvelle chambre quand elle arrivera là-bas.

Elle ne touche pas à son coffre au trésor qui se trouve dans le coin de sa chambre. C'est un coffre très spécial. Elle l'a rapporté de chez sa grand-mère durant l'été.

Ce coffre a appartenu à son arrière-arrière-grand-mère Coralie. La fillette est convaincue que le fait que toutes les deux portent le même nom ne peut relever du hasard.

Coralie compte bien découvrir pourquoi et en apprendre plus sur son arrière-arrière-grand-mère. Des mystères entourent son aïeule et personne encore n'est encore parvenu à les résoudre.

Le coffre sera déménagé lui aussi. Coralie a posé la question une bonne dizaine de fois pour en être certaine. Elle ne veut surtout pas le perdre.

La jeune fille n'a pas eu le temps d'explorer tous les recoins du coffre mais compte bien le faire en arrivant dans sa nouvelle maison, quand elle aura enfin un peu de temps pour elle.

Coralie regarde sa chambre. Seuls ses couvertures, son oreiller et son toutou ne sont pas rangés pour le grand départ. Une chance qu'ils sont toujours là car le déménagement a lieu dans deux jours et Coralie aura encore besoin de son lit!

Le monde de Coralie

3

Le grand jour

Regardant par la fenêtre de la voiture, Coralie pense à la nouvelle vie qui l'attend. Le soleil brille dans le ciel et une chaleur étouffante règne dans le véhicule malgré l'heure qu'il est. La jeune fille ouvre sa fenêtre et laisse ses cheveux voler au vent.

Toute la famille est en route vers la vieille maison que son oncle leur a dénichée. Cette maison appartient à la famille depuis plusieurs générations. Elle est immense et il y a un lac derrière. La jeune fille est encore triste de perdre ses amies et espère que tout ira comme sur des roulettes. Coralie adore les nouvelles aventures. Mille et une questions se bousculent dans sa tête mais elle ne peut pas les poser tout de suite car son petit frère dort juste à côté d'elle.

La route est longue car leur nouvelle ville se trouve à l'autre bout du monde. La petite famille est partie très tôt ce matin. Ça fait déjà deux heures qu'elle roule vers sa nouvelle vie et il est à peine huit heures.

La voiture est maintenant immobilisée sur l'autoroute. Un énorme embouteillage s'est formé devant. Des autos se suivent à perte de vue. Il doit y en avoir pour des kilomètres, pense Coralie. Sa maman lui a dit que dans ces moments-là, c'est le temps idéal pour une petite lecture. Feuilletant sa bande dessinée sans vraiment la lire, Coralie commence à imaginer sa nouvelle maison.

Le monde de Coralie

Elle la voit rouge avec de grandes fenêtres, plus hautes que toutes celles qu'elle a déjà vues. Elle l'imagine aussi entourée d'arbres gigantesques avec un parterre rempli de fleurs multicolores.

Coralie ne sait pas depuis combien de temps elle est perdue dans ses pensées mais l'auto avance maintenant à une vitesse normale. L'embouteillage est terminé. Elle referme sa bande dessinée et regarde à l'extérieur.

La jeune fille s'amuse à dire à haute voix les numéros de porte qu'elle voit sur chacune des maisons. De son côté de la route, ce sont les numéros impairs.

Un peu plus tard, la voiture se gare dans le stationnement d'un restaurant. Coralie a faim et Léo aussi. Il est réveillé depuis environ trente minutes et n'arrête pas de répéter « j'ai faim » toutes les minutes. Au moins, il n'a pas commencé à demander quand ils vont arriver, car leur maman a bien mentionné qu'ils en ont pour la journée tout entière et même une partie de la journée suivante.

Une fois à l'intérieur du restaurant, Coralie et sa maman se dirigent vers les toilettes. La jeune fille a bu un grand verre de lait pour le déjeuner et elle a vraiment envie. Les murs sont hauts dans la petite salle et il y a trois cabines de toilette. Coralie prend la première sur sa droite, la plus grande.

Après avoir terminé, Coralie se rend au lavabo pour se laver les mains. Il n'y a pas de poignée pour ouvrir l'eau. La jeune fille examine attentivement le robinet afin de comprendre comment il fonctionne

Le monde de Coralie

mais ne parvient pas à trouver. Quand sa mère sort de sa cabine, elle lui montre comment s'y prendre. Il faut passer la main devant le robinet, assez près pour qu'il la détecte et fasse couler l'eau.

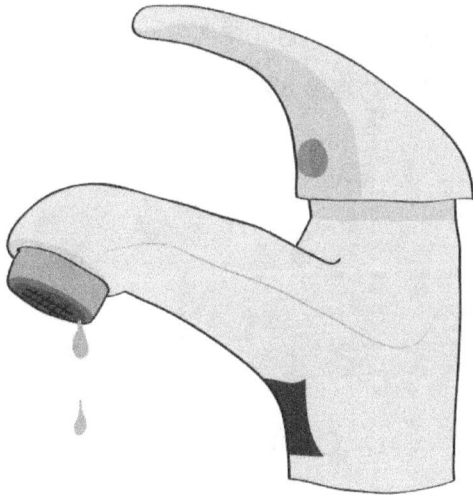

Quand les filles retournent dans le restaurant, Léo et papa sont déjà sortis des toilettes pour garçons. Ils peuvent aller commander leur dîner. Coralie prend un grand sandwich avec du jambon, de la salade, des piments verts, du concombre et de la mayonnaise. Elle le commande grillé et demande également un jus de pomme.

Après avoir bien mangé, la petite famille va marcher dans le parc juste à côté afin de se dégourdir les jambes avant de poursuivre sa route en voiture. Coralie a emporté son ballon et joue un peu avec Léo. Le soleil est haut dans le ciel et ils doivent mettre de la crème solaire pour ne pas attraper de coup de soleil.

4

La halte routière

Vers treize heures, tous remontent dans la voiture pour une autre partie du trajet. Les maisons se succèdent et ils traversent plusieurs villes et villages. Coralie a l'impression que jamais ils n'arriveront à destination.

En milieu d'après-midi, la voiture arrête dans une halte routière. Il y a des tables de pique-nique et des toilettes. Tout le monde prend une petite collation.

La halte se trouve en plein milieu d'une forêt très dense. Coralie se dirige vers la cabine de toilette qui est au fond du terrain. Elle avance tranquillement, concentrée à botter des roches avec ses souliers quand soudain, elle voit quelque chose bouger sur sa gauche. La jeune fille tourne la tête et fige de frayeur.

Un peu plus loin, un ours brun a vu Coralie. Il la regarde droit dans les yeux. La jeune fille ne sait pas quoi faire, elle a bien trop peur pour penser.

- PAPA! crie Coralie, ne trouvant pas d'autre solution.

Le monde de Coralie

Michel se retourne et voit l'ours se diriger vers Coralie. Il court à la voiture prendre son sifflet et son pistolet à poivre qu'il transporte toujours avec lui durant ses voyages de pêche. Il rejoint à toute vitesse sa fille et siffle de toutes ses forces. L'ours se lève et pousse un grognement méchant. Il a sûrement senti l'odeur de la collation et veut sa part, lui aussi.

Le pistolet à poivre dans les mains, Michel vise les yeux. Il tire trois fois pour être bien certain que l'ours en reçoive suffisamment pour s'en aller.

L'ours se frotte maladroitement les yeux avec ses pattes. Il a mal et ne voit plus rien. Il retombe à quatre pattes et s'enfuit. Il devra attendre une autre journée avant de manger un bon repas.

Coralie et son papa retournent à l'auto en marchant à reculons. Manon et Léo sont déjà à l'intérieur. La voiture démarre et la petite famille retourne sur la route.

Malgré la peur qu'elle a eue, Coralie est triste pour l'ours. Il doit avoir mal avec tout ce poivre dans les yeux. Elle espère qu'il s'en remettra rapidement.

Il avait probablement faim, ce n'est pas sa faute. En remontant dans l'auto, Coralie a laissé tomber une tranche de pain et un fromage dans le gazon en espérant que l'ours les trouve. C'est en quelque sorte sa façon de lui demander pardon.

Après toutes ces émotions, Coralie est épuisée. Elle appuie sa tête sur l'oreiller qu'elle a apporté pour le trajet. Elle écoute la musique douce qui passe à la radio et s'envole au pays des rêves en moins de deux minutes.

La jeune fille rêve de maisons, de chemins et d'un ours étrange qui la suit partout où elle va. Cet ours a l'air gentil et on dirait même qu'il veut parler à Coralie. La bête essaie de se rapprocher d'elle pour lui dire un secret. Il est tout près maintenant et est sur le point de lui parler quand Coralie se réveille en sursaut.

Le monde de Coralie

5

Le motel

Coralie regarde autour d'elle. Ils sont devant un restaurant, il est l'heure de souper. Se frottant les yeux et s'étirant, elle sort de l'auto et demande à sa maman s'ils sont bientôt arrivés dans leur nouvelle ville.

Elle obtient pour réponse que ce n'est pas ce soir qu'ils termineront leur trajet. Coralie passera la nuit avec sa famille dans une chambre de motel.

La jeune fille passe les portes donnant accès au restaurant. Il est en fait une partie du motel. Coralie décide de manger une poutine et un grand verre de jus de framboises. Léo prend la même chose. La jeune fille n'en fait plus de cas, il imite tout ce que sa grande sœur fait.

Après le repas, papa amène Coralie et Léo dans leur chambre. Il y a deux grands lits avec des couvertures beiges. L'air conditionné refroidit la pièce. Une grande garde-robe permet de ranger leurs valises. Derrière une porte, une immense salle de bain avec douche en verre et baignoire à remous!

Deux lavabos sont moulés à même le meuble. Plusieurs lumières éclairent la salle de bain partout, même au fond de la douche.

Ce n'est pas tout! Après avoir rangé leurs valises dans la garde-robe, le papa de Coralie les amène dans le couloir. Un grand tapis rouge comme dans les films recouvre le plancher.

Leur chambre est au deuxième étage, ils descendent donc les escaliers pour revenir au rez-de-chaussée. Une porte double donne accès à la cour du motel.

Une piscine creusée fait toute la cour. Coralie n'en a jamais vu d'aussi grande auparavant. À une extrémité se trouve un tremplin, une corde sépare la piscine en deux et à la droite de Coralie, un petit cercle d'eau ressemble à une pataugeuse pour jeunes enfants.

La maman de Coralie sort du motel derrière eux avec tous les maillots de bain. Il y a une cabine pour les filles et une pour les garçons. La jeune fille et sa maman se dirigent vers celle pour les dames.

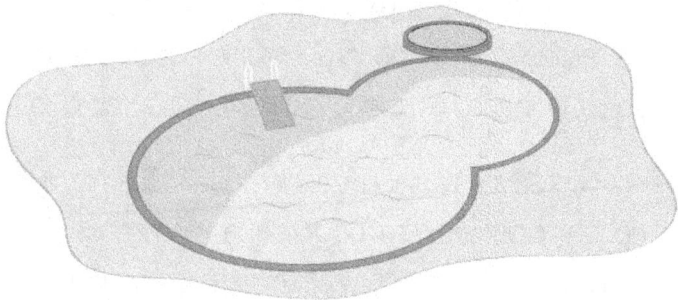

La lourde porte se referme derrière elles. La pièce est bien éclairée et une dizaine de casiers sont disposés dans le fond. Un grand banc passe devant les casiers. Une immense douche dont l'eau coule du plafond est installée près de la porte de sortie.

Comme à son habitude, Coralie s'arrête devant l'écriteau à côté de la douche. Elle doit toujours lire les instructions ou les avertissements quand il y en a.

Le panneau mentionne l'importance de passer sous la douche avant la baignade pour garder l'eau de la piscine propre et de se rincer pour enlever le surplus de chlore sur la peau à la sortie de la piscine.

Coralie attend que sa maman soit prête et elles vont toutes les deux sous l'eau de la douche. Elle est assez grande pour au moins douze personnes, se dit la jeune fille. L'eau est juste assez chaude.

Après s'être mouillées, les deux filles retournent dehors pour aller se baigner. La maman de Coralie va rejoindre Léo pour aller dans la pataugeuse avec

Le monde de Coralie

lui. La jeune fille et son papa sautent dans la grande piscine.

Coralie peut mettre en pratique les notions de natation apprises durant ses cours. La jeune fille sait nager depuis un an environ et elle fait même des pirouettes sous l'eau.

Elle n'a pas encore appris à utiliser le tremplin. Elle a toujours eu peur de s'élancer et de sauter dans l'eau très profonde.

Le papa de Coralie a trouvé un ballon dans la cabine des garçons. Ils jouent ensemble à se lancer le ballon dans l'eau jusqu'à ce que le soleil soit bas dans le ciel.

Juste avant que le soleil disparaisse à l'horizon, la petite famille retourne à sa chambre pour se préparer à dormir. Une autre grosse journée l'attend demain. Tout le monde doit être reposé avant de reprendre la route.

Coralie prend un bain avec Léo. Tous deux jouent avec les quelques jouets laissés sur le bord de la baignoire. Un minuscule savon est emballé et des petites bouteilles de shampoing sont alignées dans le coin. C'est amusant de patauger dans un bain à remous. Des jets d'air poussent l'eau dans toutes les directions. Étant donné qu'ils sont au motel, les parents de Coralie font une exception… ils peuvent prendre leur bain en maillot!

Ensuite, les deux enfants vont rejoindre leurs parents dans la chambre. Ils dormiront dans le lit près de la salle de bain. Les parents occupent celui près du climatiseur, sûrement parce que papa a toujours très chaud.

Coralie s'endort vite. L'ours vient la visiter plusieurs fois dans ses rêves sans toutefois réussir à lui confier son message. Le petit matin arrive à toute vitesse. La jeune fille se réveille en sursaut : elle était encore en train de rêver à son ours.

Les oiseaux chantent à l'extérieur et le soleil est déjà levé. Les parents de Coralie jasent dans leur lit en attendant que tout le monde se réveille. Les valises sont sorties, les vêtements de la journée déjà choisis pour chacun et tout est prêt pour reprendre la route.

Le monde de Coralie

6

Destination maison

La petite famille se rend dans le restaurant du motel pour prendre le petit déjeuner. Des rôties, des croissants et des fruits sont disposés sur une grande table. Coralie prend une assiette et commence à choisir ce qu'elle va manger.

Elle décide de prendre une assiette complète de fruits. Coralie ne peut pas aimer davantage ce déjeuner! Il est parfait. Un distributeur de jus d'orange est posé sur la table, à la suite des aliments. La jeune fille prend un verre et le remplit.

Après le petit déjeuner et être passée aux toilettes, la famille reprend la route. Coralie n'a pas vraiment envie de faire encore un voyage en auto. La journée précédente a été suffisamment longue comme ça

Les maisons se succèdent sur la route, qui devient plus étroite. Les arbres sont plus nombreux dans ce coin de pays.

L'heure du dîner vient d'arriver. L'auto se gare devant une roulotte ouverte sur le côté. C'est un casse-croûte. La petite famille mange un repas rapide et retourne en voiture.

Vers le milieu de l'après-midi, la maman de Coralie annonce qu'ils arriveront très bientôt. La

Le monde de Coralie

jeune fille, qui était sur le point de s'endormir, devient tout excitée. Enfin, ils vont voir leur nouvelle maison!

Après six heures de route en cette deuxième journée de voiture, de restaurants et de pauses pipi, la petite famille arrive enfin dans la ville de Timorée.

C'est une des premières villes qui ont été fondées dans le coin. La municipalité est entourée d'arbres feuillus et de sapins. Il y a des pots de fleurs un peu partout de chaque côté de la rue principale et les passants ont l'air bien gentils. L'auto emprunte plusieurs rues, tourne et tourne encore, ralentit et accélère.

Puis, la petite famille arrive devant la maison tant attendue. Coralie sait que l'immense maison est très vieille. Malgré tout, elle paraît aussi neuve que les autres autour. On ne pourrait pas dire à première vue que c'est une maison centenaire. Elle est d'un bleu éclatant et la plus haute de tout le voisinage.

Il y a une très grande cour asphaltée en avant où la jeune fille s'imagine déjà faire des pirouettes en patins à roulettes. Coralie adore faire du patin, quelle que soit la saison. L'hiver sur la glace et l'été dans la rue. Elle rêve souvent qu'un jour, elle sera parmi les meilleures patineuses artistiques du monde entier.

L'auto se gare près de la maison. Elle est reculée et la rue paraît loin. Ils ont beaucoup plus de place ici. La jeune fille sort de l'auto.

Coralie avance vers la maison bleue avec sa petite valise rose et son ourson en peluche. Même s'il est vieux, Coco l'ourson est son meilleur confident. Elle peut tout lui raconter : ses peurs, ses joies, ses peines et ses nouvelles aventures. Elle suit ses parents à l'intérieur.

Une grande garde-robe se trouve à gauche de la porte. Il y a suffisamment d'espace pour y entrer tous les quatre en même temps. Coralie enlève ses souliers et les dépose sur le tapis, en dessous des crochets.

La jeune fille n'a qu'une envie : trouver sa chambre! Elle demande à sa mère où est la pièce mais tout ce que cette dernière lui dit, c'est que la chambre est à l'étage.

Coralie monte l'escalier situé juste devant l'entrée et qui tourne en montant à l'étage. Beaucoup plus large que la plupart des escaliers, il est doté d'un tapis vert au centre des marches de bois massif. La jeune fille n'avait vu ce type d'escalier que dans les films de princesses. Sa maison est un vrai château de l'intérieur.

En haut, un long couloir avec cinq portes. Coralie doit les ouvrir afin de trouver sa chambre.

Quand elle a discuté avec sa maman de la décoration de sa chambre, elle a mentionné qu'elle voulait des murs roses et mauves.

La jeune fille ouvre la première porte sur sa droite. C'est une grande chambre avec un lit et trois commodes. Dans le coin de la pièce, il y a deux fauteuils et une bibliothèque remplie de livres. C'est probablement la chambre de ses parents. C'est bien que les déménageurs soient déjà venus placer les meubles, pense Coralie.

Après avoir refermé la porte, Coralie se dirige vers la suivante. Des murs gris et verts… ce n'est sûrement pas pour elle! Des exerciseurs, des ballons géants et des poids sont installés dans la pièce. C'est la nouvelle salle d'entraînement dont son papa a tant parlé.

Coralie sort et ouvre la porte suivante. C'est la salle de bain. Une grande douche en céramique et un bain double prennent presque tout l'espace. Une toilette se fait discrète entre la douche et le meuble-lavabo.

7

La chambre de Coralie

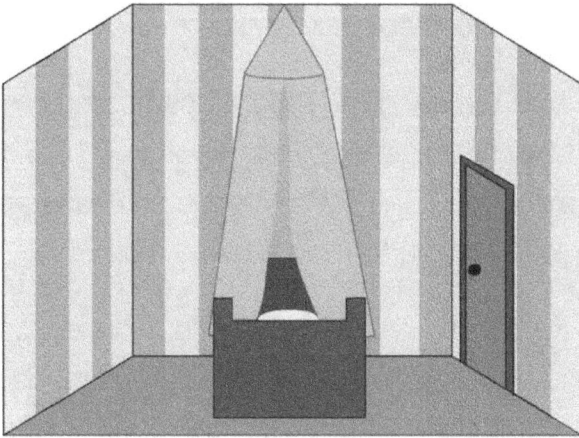

Coralie se rend à la quatrième porte. Elle l'ouvre en espérant que c'est la bonne. Wow! La jeune fille reste bouche bée. C'est la plus belle chambre d'enfant qu'elle ait jamais vue. Des murs aux bandes verticales roses et mauves en alternance donnent une atmosphère féérique. Ses anciens meubles sont déjà disposés dans la pièce. Un voile surplombe le lit et une couverture d'un blanc immaculé l'habille. Des coussins en forme de cœur et de papillon sont disposés partout sur son lit.

Son coffre au trésor est là, dans le coin de la chambre. Coralie est soulagée en le voyant. Elle ne voulait pas le quitter quand les déménageurs sont venus le chercher la semaine dernière.

Une grande garde-robe se cache derrière une porte d'allure ancienne. Des tablettes sont alignées du plafond jusqu'au sol de chaque côté. Une grande tringle fait tout le fond de la garde-robe.

Refermant la porte ancienne, Coralie aperçoit un miroir accroché au mur de sa chambre, derrière la porte principale. Elle s'approche et se regarde un instant. Du haut de ses cinq pieds, Coralie se trouve jolie. Elle a une chevelure blonde, le teint rosé et des yeux bleus débordants d'imagination. Aujourd'hui, elle porte une magnifique robe rose, celle que sa maman lui a achetée à l'occasion de la fin des classes.

Coralie a toujours été douée à l'école. Elle comprend vite les consignes et adore aider ses amies. À la fin de sa deuxième année, elle a même reçu un certificat de bonne conduite, qui lui a valu cette jolie robe. Depuis son plus jeune âge, du plus loin qu'elle se souvienne, elle a toujours écouté les bons et nombreux conseils de son papa. Il lui a dit avant d'entrer à l'école : « Respecte du mieux que tu peux les règlements de l'école, Coralie. Pour ce qui est des amis, fais tout ce que tu voudrais te faire faire. Pas plus, pas moins. »

Seule dans sa chambre, la jeune fille se demande comment sera sa nouvelle école. Est-ce que les professeurs seront gentils? Est-ce qu'elle réussira à se faire de nouvelles amies? Est-ce que les autres voudront jouer « avec la petite nouvelle »? Toutes ces questions se bousculent dans les pensées de la fillette.

Secouant la tête, Coralie se rend à sa valise. C'est le temps de commencer à la vider. Elle range ses vêtements dans ses grands bureaux ainsi que dans sa garde-robe. La jeune fille prend le temps de coucher Coco l'ourson sur son oreiller pour qu'il soit bien confortable. Elle le retrouvera plus tard quand elle viendra se coucher.

Après avoir fait son ménage et classé toutes ses poupées et ses jouets, Coralie redescend au rez-de-chaussée pour rejoindre ses parents.

Elle refait le chemin en sens inverse pour se rendre aux escaliers. Elle les descend en regardant le lustre de l'entrée. Il est accroché très haut et semble en cristal. Il brille et reflète la lumière du soleil partout dans la pièce. Il y a tant de détails à observer dans cette maison : des moulures, des détails d'architecture et des peintures partout. C'est amusant de vivre dans une vieille maison, finalement!

Le monde de Coralie

8

L'exploration

Coralie n'a pas encore exploré le rez-de-chaussée et ne sait pas où aller pour rejoindre ses parents. D'ailleurs, elle ne sait pas du tout où ils peuvent se trouver. Combien de temps a-t-elle passé dans sa chambre?

De l'entrée, il y a trois options possibles. Un long couloir passe sous l'escalier et il y a une porte de chaque côté de la porte d'entrée. Coralie commence par appeler ses parents pour voir s'ils sont à l'intérieur mais comme elle s'en doute, aucune réponse ne lui parvient. Avec le silence qui règne dans la maison, ce n'est pas étonnant.

La fillette ouvre la porte avant pour voir si l'auto est toujours là. La voiture a disparu! Coralie n'arrive pas à y croire, ses parents l'ont laissée seule dans l'immense maison! C'est la première fois que la jeune fille est laissée à elle-même. Inquiète, Coralie sort dehors et passe devant le garage. Elle éclate de rire en voyant l'auto garée à l'intérieur. La peur qu'elle a ressentie en pensant qu'elle était toute seule...

Coralie retourne à l'intérieur afin de poursuivre ses recherches. Ses parents doivent bien être quelque part! La jeune fille passe la porte de droite. C'est la salle à manger. Une longue table trône dans la pièce. Une nappe rouge est posée dessus. Dans le coin de la pièce, un buffet expose un ensemble de vaisselle complet ainsi qu'un coffret de coutellerie.

Le monde de Coralie

Une grande porte française donne accès à la cuisine, spacieuse et bien aménagée. Coralie se voit déjà cuisiner avec sa maman. Elle adore faire des gâteaux ou bien préparer sa boîte à collation pour les jours d'école.

Juste à côté du garde-manger, il y a une grande porte coulissante. C'est sûrement la sortie vers la cour arrière. Coralie s'avance vers la porte et regarde à l'extérieur. Ses parents sont là : ils auraient pu l'avertir!

Son père fait cuire des tournedos de poulet sur le barbecue pendant que sa mère et son petit frère sont assis sur des chaises, près de la table. Coralie ouvre la porte et sort les rejoindre.

Quelle splendide cour arrière! Il y a une énorme piscine, une maisonnette surélevée et une glissoire juste à côté. Avec les chaleurs de l'été, Coralie va pouvoir se baigner souvent. En plein mois de juillet, elle a maintenant la chance d'avoir une piscine! Ça fait des années que la jeune fille en demande une à ses parents. Tous les prétextes sont bons : ses amies en ont une, le lac est trop loin, l'eau est plus propre dans une piscine, elle s'occupera de nettoyer l'eau... Mais ils refusent chaque fois.

Un peu plus loin, il y a quelques arbres avant d'arriver sur une plage devant un grand lac. On se croirait au camping! Michel, le papa de Coralie, adore aller à la pêche et Coralie ne rate jamais une occasion de l'accompagner. Ils pourront y aller souvent durant l'été et même pendant l'hiver! Plus la jeune fille fait des découvertes, plus elle se dit que la vie dans sa nouvelle maison sera bien.

La voix de sa maman sort Coralie de ses pensées. Le souper est prêt et la table est déjà mise. Pour s'assurer une vue sur le lac, la fillette se dépêche de se rendre à la table et de choisir sa place.

Après avoir englouti deux tournedos, de la salade César et bu un grand verre de jus d'orange, Coralie se rend dans le salon pour écouter son émission de télévision préférée. Le salon se trouve derrière la porte de gauche de l'entrée, celle que la fillette n'a pas encore empruntée.

Son nouveau divan est très grand et lui plaît beaucoup. Six places qu'elle a comptées avant de s'assoir. Quand elle voit la télévision... elle en reste bouche bée. L'appareil est si énorme, plus gros que tous ceux que Coralie a vus en magasin. La jeune fille écoute *Les cupidons* et ensuite, décide de continuer l'exploration de sa maison.

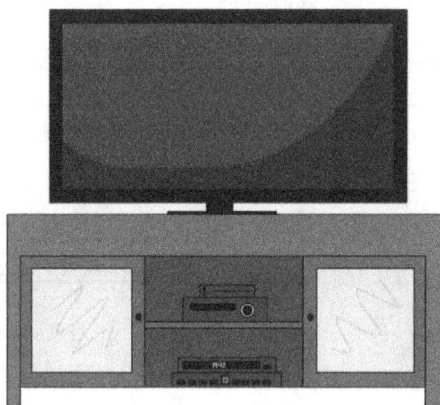

Le salon est une pièce fermée qui ne comporte qu'une sortie, celle qui donne sur l'entrée. C'est une grande arche texturée. Coralie sort de la pièce et se rend près de la porte coulissante qui donne sur la cour arrière. Une porte est fermée juste à côté. La jeune fille ouvre et découvre une deuxième salle de bain.

Beaucoup plus petite que celle à l'étage, elle renferme quand même une toilette et un bain sur pattes. Un petit meuble-lavabo est installé au fond de la pièce.

Coralie observe le couloir sous l'escalier. Tout au fond, il y a une porte fermée à clé. C'est la descente vers le sous-sol. Ses parents ont été bien stricts à ce sujet : elle n'a pas le droit d'aller jouer là!

N'osant pas désobéir à son papa et sa maman, Coralie décide de ne pas s'y aventurer. Elle regarde l'heure : il est déjà temps d'aller se coucher. C'est assez de découvertes et d'explorations pour la journée, déjà très longue avec la deuxième partie du voyage en auto.

La jeune fille se rend dans la salle de bain à l'étage et fait couler son bain. Il n'y a pas encore de jouets, ils doivent être dans une boîte quelque part dans la maison.

Après s'être bien lavée et avoir joué avec sa débarbouillette, Coralie va rejoindre ses parents afin de leur souhaiter bonne nuit. Ils sont dans le salon où ils regardent un film pour grands, comme ils disent toujours.

La fillette donne ses bisous et demande à sa maman de venir la border, pour ne pas monter à l'étage toute seule. Toutes les deux se rendent dans la chambre de Coralie et la jeune fille a droit à une histoire, une chanson et un gros câlin avant de faire dodo.

Le monde de Coralie

9

La rencontre

Le lendemain matin, Coralie se réveille bien après que le soleil soit levé. Elle descend à la course les immenses marches et se rend à la cuisine. Pour le déjeuner, Coralie, Léo et ses parents s'installent au comptoir sur les quatre bancs. La pièce est lumineuse grâce à la grande porte vitrée. Pendant que toute la famille mange des crêpes, Coralie demande à sa maman s'il y a un parc près de la maison.

Peut-être pourra-t-elle rencontrer des jeunes de son âge? Manon ne connaît pas encore les emplacements des parcs dans la ville mais elle invite Coralie à aller faire un tour d'auto après le déjeuner pour en trouver un. La fillette se dépêche à manger ses crêpes, range sa vaisselle et remonte en vitesse dans sa chambre pour aller s'habiller. Elle ouvre sa garde-robe et commence à chercher une belle robe pour aller au parc.

Après plusieurs minutes de recherches, la fillette décide de mettre des culottes courtes et une camisole. En cherchant ses vêtements, Coralie a remarqué une mince ligne sur le mur du fond. C'est une fente étrange accompagnée d'un surplus de gypse à sa droite.

La fillette n'a pas le temps de regarder ce détail et s'en va avec sa mère à la recherche d'un parc.

L'idée de la fente mystérieuse est déjà oubliée quand Coralie monte dans la voiture.

Elles sortent de la cour et se dirigent vers le centre-ville. À peine trois pâtés de maison plus loin, un joli parc se dévoile. Coralie n'aura pas de difficulté à retrouver son chemin jusqu'à la maison. Sa maman la dépose donc et repart faire ses commissions pendant que la jeune fille joue au parc.

Coralie étudie le parc avant de s'y aventurer. Il y a quelques enfants et des parents assis à des tables de pique-nique ainsi qu'un petit chien en laisse.

Elle voit aussi deux carrés de sable et trois installations de balançoires, une pour les bébés et deux pour les plus grands. Un camion de pompier en bois se trouve au centre du parc. Deux grandes tours avec une passerelle les reliant sont installées plus loin. Derrière elles, il y a un petit boisé.

Sur sa droite, Coralie voit un espace en béton peinturé. Il y a des canons, des arbres tournants et des arches trouées. De l'eau vole dans tous les sens.

Ce sont des jeux d'eau! La jeune fille n'avait pas prévu se baigner : elle n'a donc pas mis son maillot.

Après s'être balancée, avoir fait un château de sable et être montée dans la plus haute tour, Coralie regarde autour d'elle. Tous les enfants s'amusent entre eux et ne s'occupent pas d'elle. Ils ont tous l'air plus jeune. La fillette regarde sa montre et s'aperçoit qu'il est déjà l'heure de rentrer chez elle pour le dîner.

Cinq minutes plus tard, elle ouvre la porte de sa nouvelle maison. Une bonne odeur de bacon et d'œufs flotte dans l'air. Coralie se met à table et raconte à son papa son avant-midi au parc. Elle lui

Le monde de Coralie

demande si elle pourra y retourner en après-midi pour aller se baigner dans les jeux d'eau.

Son assiette déborde. Des œufs, du bacon, des saucisses et des fraises s'y trouvent et vont directement dans le ventre de Coralie. Un grand verre d'eau accompagne son dîner car il fait très chaud à l'extérieur.

Le dîner terminé, la jeune fille monte dans sa chambre pour enfiler son maillot de bain sous ses vêtements. Ensuite, elle sort de la maison en route vers le parc.

Coralie est bien heureuse que le parc ne soit qu'à trois pâtés de maisons. Le chemin n'est pas trop long. Elle se rend à la première table de pique-nique et enlève ses vêtements pour ne garder que son costume de bain. Elle est maintenant prête pour la baignade.

Plusieurs enfants sont déjà dans les jeux d'eau. Coralie en profite pour leur parler un peu. Elle s'amuse avec quelques-uns d'entre eux mais après un moment, elle en a assez. La fillette s'ennuie de

Loralie et Marilou. Elle n'a plus de vraies amies ici et ne connaît personne.

Coralie décide d'aller se balancer pour se sécher avant de remettre ses vêtements. C'est alors qu'elle voit, un peu plus loin à l'entrée du boisé, une petite fille qui joue toute seule. Elle semble avoir à peu près le même âge.

Coralie s'approche tranquillement de la fillette en faisant semblant de pousser une roche avec ses souliers. Quand elle est plus près, elle s'aperçoit que la jeune fille a une loupe dans la main et qu'elle regarde quelque chose.

Le monde de Coralie

Coralie se racle la gorge et demande timidement : « Comment tu t'appelles? » Zut! Elle a oublié de dire bonjour. La jeune fille lève la tête et lui fait un sourire.

- Salut! Je m'appelle Mélissa, répond la jeune fille.

- Moi, je m'appelle Coralie et je viens de déménager dans cette ville, répond Coralie.

Mélissa et Coralie discutent ensemble et se présentent. Mélissa a huit ans comme Coralie et elle adore les insectes. C'est justement une coccinelle qu'elle était en train de regarder avant l'arrivée de la fillette.

Coralie a une très bonne impression de la jeune fille. Peut-être pourront-elles devenir amies? Elle l'espère parce que ne pas avoir d'amies du tout, c'est ennuyant.

Après un après-midi de recherches d'insectes et d'explications détaillées de Mélissa, Coralie doit rentrer chez elle. Elle retourne à sa table de pique-nique et remet ses vêtements. Elle demande à

Mélissa où elle habite. La jeune fille lui donne les indications pour se rendre chez elle. Coralie se rend alors compte qu'il est question de la maison en face de la sienne!

Les deux jeunes filles se rendent donc chez elles ensemble. Que ça fait du bien de savoir qu'il y a une fille de son âge qui habite tout près... Elles se disent au revoir avant de se séparer pour entrer dans leur demeure respective.

10

L'inscription

Coralie raconte sa journée à ses parents pendant le souper. Elle en a des choses à dire et sa nourriture refroidit rapidement! Elle leur raconte comment elle s'est amusée dans les jeux d'eau, comment elle s'est séchée en se balançant et surtout, sa rencontre avec Mélissa

Coralie est très heureuse. Sa deuxième journée à Timorée est une réussite. Tout va comme sur des roulettes malgré la peur et la tristesse qu'elle a ressenties ce matin, toute seule, sans amie... La vie continue et elle devra s'adapter à sa nouvelle vie.

Après le souper, Coralie va prendre son bain en vitesse. Elle a une idée derrière la tête et doit se dépêcher. Elle fait couler l'eau, met un peu de mousse et prend une débarbouillette avant de sauter dans la baignoire. Et hop!

À peine cinq minutes plus tard, Coralie s'est lavée et mise en pyjama. Elle brosse ses cheveux rapidement en laissant plein de nœuds derrière; ils peuvent attendre. La fillette se précipite dans sa chambre et regarde son coffre au trésor.

Coralie a mis sa collection de roches dans son immense coffre au trésor offert par sa grand-mère au début de l'été. Elle en a de toutes sortes : des brillantes, des lisses, des rugueuses, des plates, des rondes... elle en a des dizaines.

Le monde de Coralie

La jeune fille veut les montrer à son amie Mélissa. Elle ouvre son coffre et fouille à l'intérieur. Son contenu a été mélangé durant le déménagement. Elle pousse les robes et trouve finalement sa mallette contenant les roches.

En soulevant la petite valise, une feuille glisse sur le plancher. C'est la carte au trésor qu'elle a découverte dans ce coffre quand elle l'a reçu. Tout ce qui se trouve dans le coffre a appartenu à son arrière-arrière-grand-mère Coralie.

Depuis qu'elle en a appris un peu plus sur son arrière-arrière-grand-mère, Coralie est persuadée que ce n'est pas un hasard si elle porte ce nom. Quelque chose de mystérieux entoure cette dame.

Regardant la carte de plus près, elle se rend compte que la maison qui y est dessinée ressemble drôlement à la maison dans laquelle elle vient de déménager. Et ses parents ont été clairs... cette maison appartient à la famille depuis plusieurs générations.

En se rendant dans sa garde-robe pour aller déposer sa carte au trésor, son pied accroche une latte du plancher et Coralie tombe par terre. Le visage sur le sol et les larmes aux yeux, elle remarque une écriture dans le fond de la garde-robe.

Juste à côté de la fente qu'elle a vue plus tôt ce matin-là, il y a une minuscule inscription. « La porter peut être dangereux mais une fois dans la bulle, tout devient clair. » Que peuvent bien vouloir dire ces mots? Coralie ne comprend rien et il est trop tard pour se lancer dans des recherches approfondies.

Le monde de Coralie

La fillette se contente donc d'aller se coucher et décide de résoudre cette énigme demain. Dans son sommeil agité, l'ours de ses rêves revient encore cette nuit-là mais cette fois, il réussit à s'approcher plus près. Il porte un anneau autour du cou et essaie de l'enlever. Il demande l'aide de Coralie afin de se libérer. C'est une bague en or... c'est la bague de Coralie! Son nom est gravé sur le pourtour et l'année 1888 est inscrite à l'intérieur. C'est bien elle, Coralie ne peut pas se tromper. Mais pourquoi cet ours a-t-il sa bague?

Se réveillant au petit matin la tête pleine de questions à propos de son rêve qui lui a semblé durer toute la nuit, Coralie se lève difficilement. Elle sort de sa chambre et descend prendre son petit déjeuner. Ensuite, elle a prévu aller voir sa nouvelle amie de l'autre côté de la rue avec sa collection de roches.

Un croissant au chocolat bien chaud avec un grand verre de lait lui est offert ce matin. Sa maman vient s'assoir avec elle à table avec sa tasse de café et ses rôties au beurre d'arachide.

Coralie discute avec sa mère mais elle est distraite. Elle est perdue dans ses pensées et essaie de se souvenir des détails de son rêve.

La bague! Pourquoi n'y a-t-elle pas songé avant? Bien sûr que c'est la réponse à toutes ses questions. Elle est dangereuse à porter... Coralie se souvient très bien de l'étrange sensation qu'elle a ressentie en l'essayant chez sa grand-mère. Mais que veut dire « une fois dans la bulle, tout devient clair »? Un mystère, encore une fois.

Coralie décide d'aller chez son amie un peu plus tard. Elle doit chercher des indices, soit les traces laissées par l'auteur du petit mot dans sa garde-robe.

Après avoir mangé son déjeuner, Coralie donne un bisou à sa maman avant qu'elle ne parte travailler. Son père est en vacances donc ils n'ont pas besoin de gardienne durant la journée. Coralie en est enchantée car elle n'aime pas qu'une gardienne vienne à la maison. Encore moins une nouvelle, dans une nouvelle maison.

La jeune fille monte encore une fois les marches pour se rendre à l'étage. Elles sont belles, les marches, mais il y en a vraiment beaucoup!

Coralie entre dans sa chambre et retire l'anneau de son collier. Elle conserve la bague autour de son cou comme pendentif depuis le jour où elle l'a reçue en cadeau. Ne pouvant la porter, c'est le seul moyen qu'elle a trouvé pour la garder avec elle sans risquer de la perdre.

Coralie ouvre la porte de la garde-robe, se met à quatre pattes et se faufile jusqu'au fond. Elle relit attentivement l'inscription. « La porter peut être dangereux mais une fois dans la bulle, tout devient clair. »

Plus elle y pense et plus elle est certaine que c'est bien de la bague de son ancêtre dont il s'agit. Mais de quelle bulle fait-on allusion? La jeune fille regarde tout autour, à l'intérieur de sa penderie.

Il y a des tablettes jusqu'au plafond de chaque côté mais rien de particulier ne s'y trouve. Derrière ses vêtements suspendus, le mur est vide. Il n'y a vraiment que la fente dans le mur et... mais oui! Le surplus de gypse ressemble étrangement à une bulle. Il faut à tout prix qu'elle l'enlève. La fillette met sa bague dans sa poche avant de sortir de sa chambre.

II

L'entrée secrète

La porte peut être dangereux
mais une fois dans la bulle,
tout devient clair.

Coralie va chercher une cuillère dans la cuisine
pour creuser dans sa garde-robe. Une chance que
son papa est dehors car il lui aurait posé des
questions.

Deux minutes plus tard, de retour dans sa chambre, Coralie regarde la bulle. Son cœur bat la chamade, elle est nerveuse de découvrir ce qui se trouve derrière.

La fillette s'approche et gratte avec la cuillère. Le gypse ne veut pas céder mais elle est bien décidée à l'enlever. Elle appuie de toutes ses forces... mais rien ne se passe. Il lui faudra trouver une autre solution.

Coralie réfléchit, touche la bulle, gratte avec ses ongles... elle devra la couper. La jeune fille sait très bien qu'elle n'a pas le droit d'utiliser la scie de son papa. C'est bien trop dangereux.

Tout en cherchant une idée pour enlever cette bulle, Coralie rapporte la cuillère dans la cuisine en prenant soin de bien vérifier que personne ne s'y trouve. En déposant la cuillère dans le tiroir, elle aperçoit les couteaux à viande. Avec leurs dents, ils pourraient remplacer la scie.

Coralie regarde autour d'elle et vérifie par la porte coulissante où se trouvent son petit frère et son père. Ils sont tous les deux dans la piscine et nagent ensemble. Aucune chance qu'ils entrent dans la maison pendant que Coralie remonte avec le couteau.

Elle sait qu'elle désobéit aux règles de la maison mais elle DOIT savoir. Prenant toutes les précautions possibles, elle passe devant l'entrée pour remonter à sa chambre quand tout à coup, sa maman entre dans la maison. Coralie cache le couteau derrière elle. Elle voit le tapis devant l'escalier qui recouvre le sol. Elle tousse, laisse tomber le couteau derrière elle et le pousse sous le tapis.

Sa maman se dépêche, lui donne un autre baiser, prend son sac à main et retourne à son auto. Ouf! Elle est tellement pressée qu'elle n'a même pas remarqué les manigances de sa fille.

Retrouvant son calme, Coralie reprend le couteau et monte en vitesse dans sa chambre avant que quelqu'un d'autre ne la surprenne.

Elle se rend directement à la bulle et commence à scier. Après plusieurs minutes, la bulle tombe. Coralie époussette le mur et souffle pour enlever la poussière. Un rectangle de métal passe à travers le mur.

En s'approchant plus près, la jeune fille voit les lettres formant le nom Coralie sur le rectangle. Elle prend sa bague dans la poche de son pantalon. Retenant son souffle, elle l'insère dans le rectangle métallique.

Dans un brouillard de poussière, un bruit sourd résonne. Coralie tousse et s'éloigne le temps qu'elle puisse voir quelque chose. Elle est contente d'être seule dans la maison parce que le bruit aurait attiré son curieux de frère.

Impatiente, Coralie secoue les mains pour dissiper toute cette poussière. Tout au fond de la garde-robe, une petite porte s'est entre-ouverte.

Le monde de Coralie

12

Le passage

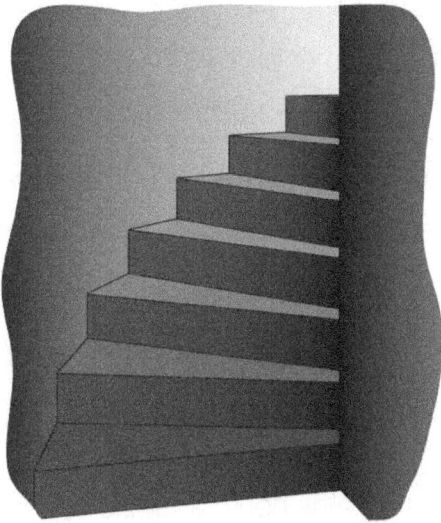

Coralie a le cœur qui bat à toute allure. Une cachette secrète, une vraie! Elle n'arrive pas à y croire. La jeune fille avance à quatre pattes vers la porte et la pousse. C'est vraiment une petite ouverture mais Coralie est assez petite pour se faufiler à l'intérieur.

Elle avance doucement sur ses genoux et, au bout de quelques mètres, elle peut se relever. Tout est noir autour d'elle, aucune lumière ne peut pénétrer dans le couloir. Coralie appuie sur le bouton de sa montre pour qu'elle éclaire un tant soit peu. Des toiles d'araignées partout, un tapis de poussière sur le sol et des murs en briques font de ce couloir un endroit lugubre et effrayant.

Devant Coralie se trouve un vieil escalier usé et fissuré. Il est évident que personne n'a emprunté ce chemin depuis très longtemps.

En prenant soin d'éviter les craquelures, Coralie entreprend de descendre les marches en colimaçon. Il y en a tellement que la fillette a l'impression qu'elles ne vont jamais se terminer.

Après avoir descendu une vingtaine de marches, Coralie pose le pied sur la marche suivante quand celle-ci cède sous son poids. La jambe prise dans le trou, Coralie a du mal à se dégager. Elle agrippe une brique qui recouvre les murs afin de se tirer hors du trou mais le mur est tellement vieux que les briques s'effritent à la moindre pression.

La jeune fille tourne doucement sur elle-même pour ne pas s'engouffrer au complet dans le trou. Elle appuie ses coudes sur la marche au-dessus d'elle et se soulève. Avec son pied libre, elle pousse pour se remonter.

Deux minutes plus tard, la fillette est entièrement dégagée de son emprise. Elle termine sa descente en faisant bien attention où elle pose les pieds.

Coralie a compté vingt-sept marches au total. Selon ses calculs, elle pense se trouver dans le sous-sol de la maison. Éclairant toujours avec sa montre, elle voit un tapis rouge recouvrir le centre du couloir.

Non loin de là, une porte de bois massif marque la fin du passage. Une serrure à l'ancienne est installée et des gravures parcourent la porte. Coralie

appuie sur la poignée mais comme elle s'y attendait,
elle est verrouillée.

Le monde de Coralie

Comment faire pour ouvrir cette porte? Où se trouve la clé? Coralie n'a d'autre choix que de retourner dans sa chambre pour le moment.

Sortant du passage secret, la jeune fille s'étend sur son lit. Est-ce une pièce secrète que son arrière-arrière-grand-mère a construite? Un monde de mystères et de découvertes s'ouvre à elle. Sera-t-elle à la hauteur?

Même s'il est encore tôt, Coralie s'endort pour une sieste bien méritée, épuisée par toutes ces découvertes, toutes ces questions et toutes ces émotions... et rêve d'un ours qui s'en va, son travail étant accompli.

Fin

Table des matières

Chapitre 1
Les adieux ……….......…............................…........13
Chapitre 2
Les derniers préparatifs ……....….....…..............…21
Chapitre 3
Le grand jour ………….....…...................…........27
Chapitre 4
La halte routière ……..…....…...............…........33
Chapitre 5
Le motel ……….....…..…...................…........37
Chapitre 6
Destination maison……….....…................…........45

Table des matières (suite)

Chapitre 7
La chambre de Coralie 51
Chapitre 8
L'exploration 57
Chapitre 9
La rencontre 65
Chapitre 10
L'inscription 73
Chapitre 11
L'entrée secrète 81
Chapitre 12
Le passage 85

Mot de l'auteure

Le monde de Coralie

Marie-Eve Provencher

Les difficultés de la vie, les sentiments que l'on peut éprouver sont aussi importants que les moments de bonheur et de plénitude. Il est important d'en parler avec nos proches. Le simple fait d'être écouté facilite la compréhension de ce que l'on vit et comment on le perçoit. Le déménagement de Coralie bouleverse la petite fille. Elle perd tous ses points de repères et la stabilité et la sécurité qu'elle a dans sa vie. C'est en parlant avec ses parents, en posant des questions ou en se confiant à son toutou qu'elle peut extérioriser ses craintes. Ça ne règle pas le problème mais ça aide drôlement! Les livres comportent souvent une facette cachée, une leçon de vie ou un principe à apprendre... derrière l'histoire principale!

J'aime bien être près de mes fidèles lecteurs. Je n'ai pas toujours la chance de tous vous rencontrer et pouvoir discuter avec vous. Je vous invite donc à partager avec moi vos commentaires, vos impressions, vos dessins du monde de Coralie ou tout simplement ce qui vous passe par la tête. Une réponse de ma part vous sera envoyée avec joie!

Avec l'aide de vos parents, vous pouvez m'écrire et poster votre lettre à :

www.livrefantaisie.ca

ou

marie-eve@livrefantaisie.ca

N'oubliez pas de me laisser vos coordonnées afin que je puisse vous répondre personnellement.

À vous, chers parents ou grands-parents, qui avez probablement choisi et acheté ce livre pour votre enfant, je dis merci. Merci d'avoir confiance en mes histoires, de m'avoir choisie entre tous ces auteurs de littérature jeunesse.

Si vous désirez être informé de mes prochaines sorties, lancements ou séances de dédicace, veuillez me le faire savoir soit par la poste ou par courriel aux adresses inscrites plus haut.

Au plaisir de vous
revoir dans mes
prochaines histoires!

Coralie

Le monde de Coralie